CON GRIN SUS CONOCIMIENTOS VALEN MAS

Bibliographic information published by the German National Library:

The German National Library lists this publication in the National Bibliography; detailed bibliographic data are available on the Internet at http://dnb.dnb.de .

Imprint:

Copyright © 2017 GRIN Verlag, Open Publishing GmbH
Print and binding: Books on Demand GmbH, Norderstedt Germany
ISBN: 9783668449633

This book at GRIN:

http://www.grin.com/es/e-book/365653/el-conocimiento-preconceptual-fuente-del-conocimiento-cientifico

Rogelio Bermúdez Sarguera, Marisela Rodríguez Rebustillo

El conocimiento preconceptual: fuente del conocimiento científico

¿Por qué a la formación del concepto científico debe antecederle el concepto empírico?

GRIN Publishing

GRIN - Your knowledge has value

Since its foundation in 1998, GRIN has specialized in publishing academic texts by students, college teachers and other academics as e-book and printed book. The website www.grin.com is an ideal platform for presenting term papers, final papers, scientific essays, dissertations and specialist books.

Visit us on the internet:

http://www.grin.com/

http://www.facebook.com/grincom

http://www.twitter.com/grin_com

EL CONOCIMIENTO PRECONCEPTUAL:
FUENTE DEL CONOCIMIENTO CIENTÍFICO

*"Si he visto más lejos que otros hombres,
es porque estaba subido en hombros de gigantes"*

Isaac Newton

Autores:

*Dr. Rogelio Bermúdez Sarguera[1] (PhD)
Dra. Marisela Rodríguez Rebustillo[2] (PhD)*

---

[1] *Docente-Investigador Titular de la Universidad Metropolitana del Ecuador*
[2] *Profesora Titular. Texas. EE.UU.*

Resumen

El presente artículo aborda una de las problemáticas basales que se suscita en el proceso de cualquier investigación científica: el preconcepto. En él no solo abordamos su necesaria definición, sino también indagamos en la función cimera que cumple en la formación del concepto científico. Preponderantemente, la ciencia se ha ocupado de investigar cómo se forma el conocimiento científico, el concepto científico, de las metodologías que mayormente tributan por su efectividad a la consecución de este objetivo, pero no ha sido así cuando de los preconceptos que lo sostienen se trata.

De ahí la necesidad de detenernos en la concepción primera que sobre los fundamentos del concepto cotidiano –preconcepto-- debemos poseer. Sin este conocimiento de base, es poco probable que podamos orientarnos con certeza en la investigación del concepto científico en la casa de altos estudios, sea cual fuere el área del saber correspondiente, aun cuando es la del saber psicológico la que ahora prevalece en nuestro análisis. La ciencia psicológica, quizá como ninguna otra, lo exige, dado que el conocimiento de la psicología no es únicamente privativo de la ciencia, sino también del modo de vida de los hombres y ello resulta, sin dudas, un escollo más para quienes abrazan y practican la difícil profesión de enseñar y, sobre todo, de enseñar psicología.

Palabras claves: concepto, concepto teórico, conocimiento preconceptual, preconcepto, concepto empírico

Title: "Preconceptual knowledge: source of scientific knowledge"

Abstract

The present article addresses one of the basic problems that arises in the process of any scientific research: preconception. In it we not only address its necessary definition, but also investigate in the function that fulfills in the formation of the scientific concept. Preponderantly, science has been concerned with investigating how the scientific knowledge, the scientific concept, is formed of the methodologies that are largely taxed for their effectiveness in achieving this objective, but this has not been the case when the preconceptions that support it are .

Hence the necessity of stopping in the first conception that on the foundations of the daily concept -preconcepto-- we must possess. Without this basic knowledge, it is unlikely that we can orient ourselves with certainty in the investigation of the scientific concept in the house of high studies, whatever the area of corresponding knowledge, even though it is that of psychological knowledge that now prevails in our analysis. Psychological science, perhaps unlike any other, demands it, since the knowledge of psychology is not only a matter of science, but also of the way of life of men, and this is without doubt a further obstacle to those who embrace and Practice the difficult profession of teaching and, above all, of teaching psychology.

Key words: Concept, knowledge, preconception, preconceptual, theoretical concept

Introducción

Las dificultades que se presentan en el aprendizaje de los conceptos científicos, predominantemente en la Educación Superior, pueden tener su origen en las concepciones psicológicas que subyacen a la formación del concepto y, consecuentemente, en las propuestas metodológicas que se elaboran para su enseñanza.

De ahí que este último proceso, o lo que es lo mismo, la dirección del aprendizaje de los conceptos científicos, exija la indagación previa de los conceptos empíricos – preconceptos-- que sirven de base para que aquellos se formen. No tomar en cuenta esta premisa puede conducirnos, como docentes, a la organización de condiciones favorables a la formación de *cadenas verbales*, pues el que aprende no sabe, en última instancia, el origen y las etapas por las que transcurrió el concepto científico que ahora se enseña en la casa de altos estudios. En ello se vislumbran las causas del surgimiento del concepto teórico, en el cual está registrada la historia y la lógica del desarrollo del concepto en su totalidad: desde su construcción como concepto empírico hasta su advenimiento en concepto teórico.

Los estudios sobre la formación y la modificación del preconcepto se han realizado primordialmente en la enseñanza de las ciencias exactas y naturales. En las ciencias psicológicas, sin embargo, no ha aparecido información en la literatura especializada consultada al respecto, de que se hayan presentado investigaciones cuyo objeto de estudio esté focalizado en el examen del preconcepto. No obstante, consideramos que tras la diversidad de "teorías" o enfoques que dentro de esta ciencia afloran, no se solapa más que la naturaleza preconceptual de los términos acuñados para definir el comportamiento de la persona en cualquier contexto.

La investigación de las preconcepciones en cualquier campo del saber teórico exige, en primer lugar, la caracterización de los términos que la persona emplea en su discurso ordinario, con el propósito de constatar las estructuras cognitivas previas que esta posee y cómo opera con ellas a través de su actuación personal en los diversos contextos.

Si dentro de la muestra de este tipo de investigaciones incluimos específicamente a estudiantes que reciben asignaturas psicológicas, el problema del estudio del preconcepto se hace aún más complejo, a tenor de la dualidad funcional del conocimiento psicológico, el cual puede constituirse en ciencia o en modo de vida. A diferencia de otros campos del saber, la Psicología es, por antonomasia, una ciencia que puede perder fácilmente sus límites definitorios y diluirse, apenas sin ser advertido, en los entornos de la vida cotidiana.

De esta manera, el estudiante, como cualquier persona, necesita comunicarse con el otro y justo en ese acto lingüístico emplea términos que pueden no corresponderse, en el campo de la Psicología, con las definiciones teóricas del concepto abordado en clase, lo cual puede generar en él múltiples contradicciones, por el significado diferente que la palabra, como "envoltura material" del concepto, ahora adquiere. Generalmente esto no sucede en otras ciencias, como en la Química o en la Física, porque los términos que conforman su cuerpo conceptual no se utilizan en el lenguaje cotidiano. Tal es el caso, digamos, de los términos "anfótero" y "peso específico", respectivamente.

Si bien la Psicología de la enseñanza y del aprendizaje se ha detenido en el estudio de la formación del concepto científico, pensamos que los investigadores en esta área han dejado una brecha importante, al no prestar la debida atención a la formación y desarrollo del concepto que necesariamente lo precede y que, por lo tanto, lo sustenta: *el preconcepto*.

Desarrollo

El preconcepto puede tener en común con el concepto científico la alusión a las propiedades determinantes del objeto que se estudia, con lo que queremos poner de manifiesto la posibilidad de que ambos tipos de propiedades coexistan en la definición del primero. Las características que a continuación describimos deben constituir, a nuestro juicio, el punto de partida para una investigación rigurosa sobre la formación del concepto científico.

Propiedades determinantes que describen al preconcepto

a) *Es una generalización de naturaleza empírica*
b) *Suele ser teóricamente inconsistente*
c) *Puede ser un constructo espontáneo o dirigido*
d) *Es un constructo personal*
e) *Es persistente; no se modifica fácilmente*
f) *Su función es básicamente explicativa*
g) *Puede poseer coherencia funcional y estructural*
h) *Puede ser compartido por estudiantes de edades psicológicas distintas*
i) *No es susceptible de ser organizado dentro de una estructura sistémica*
j) *Puede poseer un carácter histórico*

Detengámonos en la descripción de los aspectos más importantes de dichos parámetros.

a)   El preconcepto es una generalización de naturaleza empírica

El preconcepto es una generalización que se puede formar de manera espontánea o dirigida, a merced del procedimiento inductivo. De ello se infiere que pueda reflejar la realidad de modo correcto o no, condicionando así la obtención del conocimiento empírico, es decir, de aquel conocimiento que parte de la relación inmediata que la persona establece con su realidad como objeto de conocimiento.
El preconcepto como generalización es aún inacabado, aunque no necesariamente errónea. Por eso, este tipo de generalización pudiera permitir el acceso a aquella parte de la esencia del objeto que se expresa a través de sus propiedades determinantes como uno de sus indicadores basales, más concretos.
Considerando como propiedad aquel aspecto del objeto que determina su diferencia o semejanza de otros objetos y que se manifiesta en su interacción con ellos, constituye el primer peldaño en el conocimiento de aquel. La propiedad en el objeto es su parte más descriptiva, más concreta, más inmediata; ella refleja la determinación o el condicionamiento de la existencia y funcionamiento del objeto, lo cual ha de tomarse como criterio para diferenciar las propiedades en determinantes y no determinantes, respectivamente. A ellas se llega a través de la inducción que tiene lugar en la comparación de los objetos entre sí, en virtud de su propia interacción.

b) El preconcepto suele ser teóricamente inconsistente

Si consideramos lo teórico como reflejo de la esencia y esta no se reduce únicamente a las propiedades determinantes del objeto, entonces el preconcepto, aun cuando contenga elementos de aquella y representando el conocimiento resultante de la experiencia personal o condicionado por la enseñanza escolar, no apunta al constructo de las expresiones esenciales del objeto.

En otras palabras, como el preconcepto no apunta a la causa, no puede ser teóricamente consistente. El conocimiento teórico implica necesariamente la explicación y la predicción del comportamiento del objeto en su desarrollo; al preconcepto no le pueden ser adjudicadas tales funciones, justamente por estar limitado a la representación más o menos inmediata de la realidad que refleja. Las relaciones que en él están fijadas no responden más que a lo que pueda ser directamente reflejado por nosotros a través de nuestras percepciones.

c)   *El preconcepto puede ser un constructo espontáneo o dirigido*

Nuestras posiciones al respecto sostienen, a diferencia de las tesis autorales que defienden unánimemente el carácter espontáneo de la formación del preconcepto, que este último puede ser igualmente construido de manera espontánea o bajo la dirección del maestro (o del adulto).

Aludir a la formación del preconcepto no significa reducirla al desarrollo espontáneo del Estado Cognitivo, como tampoco debemos animarnos con la idea de que la formación del concepto científico pueda ocurrir en la edad escolar primaria, por encontrarse bajo la dirección del maestro.

Al abordar el problema que a la formación del concepto científico concierne, el investigador bielorruso L.S.Vigotsky consideraba que este se hallaba en relación directa con la instrucción escolar, pues la enseñanza institucionalizada, al ser dirigida, propiciaba justo este tipo de conocimiento. En este sentido, diferimos del connotado autor en que el carácter dirigido de la instrucción escolar no necesariamente condiciona la formación del concepto científico. Sin ánimo de disminuir el valor de sus concepciones psicológicas acerca de la temática, no debemos pasar por alto el hecho de que bajo la dirección del maestro también se forma el concepto empírico. Básicamente, el primer ciclo de la enseñanza escolar es un ejemplo inobjetable que ilustra la formación, digamos, del preconcepto de número. Lo mismo pasa en el nivel de enseñanza superior; no siempre responden estos al aprendizaje de los conceptos científicos; en ellos generalmente también se dirige el aprendizaje del conocimiento empírico, en dependencia del desarrollo de la ciencia y de la metodología de la enseñanza utilizada. Demás está decir que la formación del concepto científico está necesariamente sujeta a su propia metodología.

Esto trae a colación, una vez más, la relación por aquel mismo autor sobre el aprendizaje escolar y la formación del conocimiento científico. Sus escritos en este campo muestran que el aprendizaje del concepto científico es compatible con la edad escolar. Nuestras experiencias nos han abocado a la certeza de que este punto de vista no puede enfrentar un enjuiciamiento en el terreno teórico ni metodológico, pues el dominio del concepto teórico, como él mismo expresa, sólo puede producirse en la edad adolescente. "...La aplicación de un concepto, --señala Vigotsky (1968)-- finalmente aprendido y formulado en un nivel abstracto, a nuevas situaciones concretas que puedan ser consideradas en estos términos abstractos, ... *se domina sólo hacia el final del período adolescente* [las cursivas son añadidas]" (p.96).

En resumen, el preconcepto puede construirse tanto de manera espontánea como dirigida, independientemente del nivel de enseñanza que para su examen focalicemos.

d) El preconcepto es un constructo personal

Como todo concepto, el preconcepto es el establecimiento de relaciones que una persona realiza al actuar sobre su realidad y no aquel "conocimiento" que otro pueda trasmitirle y que él logre "absorber" o "fotocopiar". *"Nadie aprende por cabeza ajena"*, reza el dicho popular, lo cual puede ser valorado como una idea fidedigna en la que se expresa precisamente lo que queremos enfatizar. La idea o concepción ajena, transpuesta en nuestra cabeza, es solo una cadena verbal.

Una pequeña, pero necesaria digresión.

Nos parece oportuno detenernos en el concepto de cadena verbal, pues la mayor importancia que a él adjudicamos es por el hecho de establecer distancia con claridad exclusiva del concepto de conocimiento. El conocimiento no es una cadena verbal. A nuestro juicio, el conocimiento es una generalización que aparece en la persona en virtud del establecimiento de relaciones entre las partes de un objeto o entre objetos. Su resultado es un concepto propiamente dicho o una imagen de naturaleza perceptual. Así el conocimiento puede ser perceptual empírico o conceptual –empírico o teórico. De esta manera, el conocimiento es siempre de naturaleza cognitiva, pero sobre todo, es un constructo personal, es un producto de la interacción de la persona con su realidad en aras de obtener el conocimiento necesario para adecuarse al medio. Sin embargo, la cadena verbal es una frase, una idea ajena colocada en nosotros tal cual hubo de ser expresada por alguien y, lo peor, sin la más mínima comprensión de lo que en ella se encierra o se pretende decir. La cadena verbal no es un conocimiento; es una instrumentación. Digamos, cuando las aves vocingleras hablan, no expresan conocimientos, sino cadenas verbales. Lo mismo podría suceder con los estudiantes de la educación superior –o de otros niveles de enseñanza--, al exponer en clases las ideas del maestro sin pensar en lo que están diciendo. Dicho de otra manera, a una palabra le sigue incuestionablemente la otra, en el orden estrictamente establecido. En una cadena, un eslabón sigue al otro y no es posible la más mínima alteración; eso mismo sucede con la denominada cadena de naturaleza verbal. Es bien sabido que cuando el niño de edad temprana aprende a declamar una poesía cualquiera, este lo hace con la mayor pulcritud, en el sentido de repetir una tras otra cada palabra que conforman los versos. Si por alguna razón el niño olvida una de aquellas palabras, entonces tendría que regresar al inicio mismo de la poesía y desde allí comenzar de nuevo la declamación. Eso no sucede cuando de conocimiento se trata. Como la característica conspicua del conocimiento reside en su construcción personal, entonces la persona logrará comenzar sus ideas por donde lo estime conveniente, pues el establecimiento de relaciones entre ellas fue realizado por ella misma y siempre dará al traste con lo que desea manifestar.

La cadena verbal, como apuntábamos, es un aprendizaje de naturaleza instrumental motor, en las que las palabras se "encadenan". Aun cuando las frases o hechos gramaticales que se forman como cadenas son necesarios en la conformación del lenguaje del infante, ellas no son nada funcionales al entendimiento humano. El aprendizaje instrumental motor por encadenamiento verbal –cadena verbal-- no es compatible con la enseñanza universitaria y generalmente sucede que es erróneamente yuxtapuesto al conocimiento. Así, la cadena verbal es lamentablemente susceptible de ser identificada con el aprendizaje de conocimientos y, lo que es aún más grave, con el aprendizaje de conocimientos científicos. Debe quedar claro que la cadena verbal es un aprendizaje inconsciente, por lo tanto, sensorio-motriz, hablando en términos piagetianos, que se produce por la repetición continuada de cada uno de los eslabones que forman una cadena de frases u oraciones, en aras de configurar una determinada expresión sintáctica del habla. Declamar, recitar o repetir de memoria un texto no tiene nada que ver con el conocimiento. El olvido de una palabra del texto implicaría inevitablemente iniciar la expresión desde el principio mismo. Así, al pedirle a un estudiante que "explique" con sus propias palabras el conocimiento que el maestro ha impartido en clases, generalmente puede observarse cómo "su explicación" está permeada por las mismas frases del profesor, sólo que en aquellas las palabras claves se unen mediante nuevas preposiciones que, dicho sea de paso, pueden distorsionar totalmente el significado de la idea de base. Con frecuencia, cuando de constructo no puede hablarse, Ud. puede notar cómo el alumno tartamudea en sus respuestas o emplea muletillas, justo para tomarse un tiempo en la selección de las preposiciones que él considera correctamente oportunas.

La praxis profesional demuestra que la enseñanza tradicional, entendida como trasmisión de los conceptos, es lamentablemente estéril. El maestro que lo intente sólo logrará, parafraseando a L.S.Vigotsky, un verbalismo hueco y el solapamiento de un vacío conceptual que simula el conocimiento del concepto correspondiente. "...Suministrar los conceptos a los alumnos deliberadamente, estoy convencido, --retoma Vigotsky (1968) de las ideas del escritor ruso L.Tolstoi-- es tan imposible y fútil como querer enseñar a caminar a un niño por las leyes del equilibrio" (p.100).

Es notable cómo algunas especialidades de la carrera en Educación son más efectivas en la preparación del futuro profesional que otras. En efecto, el aprendizaje de una Lengua Extranjera, de la Educación Plástica y Musical se hace contrastable al compararlo con el aprendizaje de la Historia o de la Pedagogía. En primer lugar, porque existe una marcada diferencia entre ellas a raíz del tipo de aprendizaje al que responden. Mientras el uso de la lengua o la ejecución de un instrumento musical son instrumentaciones que pueden verificarse a través de un resultado concreto, pues las operaciones que la persona realiza para expresarse o para tocarlo son pertinentes al aprendizaje instrumental motor por encadenamiento verbal y de movimientos, respectivamente, en virtud de nuestra clasificación sobre los aprendizajes, las segundas son muy susceptibles a la formación de cadenas verbales, justo cuando el aprendizaje al que deben estar sujetas es el racional cognitivo teórico. Ello está dado en la probabilidad que tiene el maestro de dirigir el aprendizaje de manera frontal, sin condicionar el dominio, y a veces la formación misma, de las habilidades intelectuales necesarias para el desempeño profesional futuro, como la valoración y la caracterización, pues generalmente se limita a presentar al estudiante la verdad científica acabada, sin la historia conceptual que la sustenta y en espera de la repetición mecánica del concepto que ya ha dejado de ser científico en la estructura conceptual intelectual del estudiante.

e)   *El preconcepto es persistente; no se modifica fácilmente*

Las preconcepciones se caracterizan predominantemente porque no logran ser modificadas fácilmente. A tal efecto subyace, ante todo, que los preconceptos han aparecido generalmente de manera construida, es decir, la persona ha tenido que elaborarlos para lograr comunicarse con el otro, para lograr resolver determinados problemas que en el orden personal se le han presentado.

Es justo observar que, independientemente de que estos puedan ser cualitativamente distintos, poseen un alto valor heurístico para quien los construyó. La formación del preconcepto no es el fruto de la imposición reglamentaria de un Programa escolar, sino un producto generalmente muy personal que se haya determinado por una necesidad insoslayable, la cual tiene que ser satisfecha en el orden de la cotidianeidad. De manera que la modificación del preconcepto tiene como *conditio sine qua non* la demostración de la utilidad del nuevo concepto que lo sustituirá.

f)   La función del preconcepto es básicamente explicativa

La validez de esta afirmación consiste en que la persona en su actuación generalmente tiende a explicar la realidad, independientemente de que con ella obtenga un conocimiento errado o, en el mejor de los casos, inacabado sobre aquella. Cualquiera que sea el hecho de la realidad con el que interactúe, la persona tratará de establecer determinadas relaciones para explicar a sí mismo de dónde se originó, cuándo apareció, el porqué de su surgimiento.

El ser humano nunca dejará de dar una explicación a su realidad y eso, desafortunadamente, puede conducirlo a conclusiones que no tienen razón de ser por la consistencia de los silogismos o de las premisas que esgrime en su análisis. De ahí, por solo poner un ejemplo, las preconcepciones filosóficas idealistas objetivas o religiosas, que tratando de explicar el origen de la vida en la tierra, consideran la Fuerza Sobrenatural, el Demiurgo, el Ente Divino o a Dios como el motor impulsor del primer movimiento y de la creación de la vida en general.

¿Cómo pasar inadvertido el hecho de que incluso el niño, a partir del surgimiento de la conciencia de sí gracias a la aparición del pensamiento, como estadio del desarrollo del Estado Cognitivo, comienza a enarbolar su infatigable pregunta: ¿por qué? ¿No es este el modo primero de querer penetrar en las profundidades desconocidas hasta entonces de la naturaleza que lo rodea? ¿No sucede lo mismo en un adulto que por primera vez se acerca a un objeto desconocido? ¿No es esta la razón que condujo a Renato Descartes a su conclusión cimera sobre la naturaleza humana: "Pienso, luego existo"?

g)   El preconcepto puede poseer coherencia funcional y estructural

La historia del pensamiento científico no es sólo la historia del concepto teórico, sino también la historia del preconcepto. Con esto queremos subrayar que dentro de un sistema de relaciones de generalidad este último puede ubicarse a merced de un determinado criterio relacional. El nivel de subordinación o supraordinación que lo contenga estará únicamente regido, a nuestro modo de ver, por el criterio *clasificatorio*. Ello se debe a que tanto las propiedades determinantes como no determinantes pueden ser ordenadas en función de indicadores perceptuales inmediatos y los sistemas organizados responden primeramente a razonamientos que se apoyan en el atributo externo del objeto.

De ahí que nos parezca muy oportuna la valoración que hace Pozo (1987) sobre la coherencia global del sistema de conocimientos que la metafísica aristotélica construye para la Mecánica.

h)   El preconcepto puede ser compartido por estudiantes de edades psicológicas
       distintas

Como habíamos apuntado en la descripción de la tercera propiedad, el preconcepto no es privativo de la edad preescolar o escolar, sino que puede trascender, y de hecho trasciende, dichos períodos evolutivos.

No nos asombremos al escuchar de un padre que su hijo sabe lo mismo, o más, que él sobre un hecho determinado. Preconceptualmente, eso indica que ambos están operando con el mismo conocimiento, que ambos han establecido las mismas relaciones y que, por lo tanto, ambos han llegado a las mismas conclusiones. Si el niño de edad escolar logra regular su actuación en el plano ejecutor con los mismos recursos cognitivos e instrumentales que la persona adulta, ¿por qué no considerar que puede llegar a las mismas conclusiones que aquella, por muy complejas que parezcan? ¿No le parece consistente, para probar la hipótesis, el hecho de que personas con edades psicológicas distintas puedan jugar al Ajedrez bajo el cumplimiento estricto de los cánones que este impone? ¿Por qué asombrarnos al conocer que el trebejista cubano José Raúl Capablanca ganaba a su padre a la edad de cuatro años?

La construcción del preconcepto proviene del establecimiento de relaciones a nivel racional-empírico, ejecución generalizada a cualquier edad psicológica, aproximadamente a partir de la preescolar.

i) El preconcepto no es susceptible de ser organizado dentro de una estructura sistémica

Al parecer, esta conclusión se contradice con las posiciones que sintetizamos en la propiedad concerniente a la coherencia estructural y funcional que puede caracterizar al preconcepto. Y en efecto, todo depende del criterio que se tome para la ejecución del análisis.

Si consideramos que el preconcepto puede ser un concepto inacabado, es porque en él existen elementos que deben ser invariables y que se retoman al formarse el concepto científico que sobre su base aparece. Los elementos de los que hablamos pueden ser algunas de las propiedades determinantes del objeto de conocimiento que, unidas a sus propiedades no determinantes, configuran el preconcepto como generalización.

Ahora bien, las propiedades determinantes al diluirse con las no determinantes, hacen imposible establecer un criterio relacional común para las propiedades que en conjunto se examinan y que sustente la coherencia de la estructura conceptual a formar.

Nuestras investigaciones experimentales contradicen aquellas posiciones que tratan de conciliar el conocimiento conceptual sobre una temática en una estructura, donde los criterios de relación adoptados de ninguna manera son compatibles con los conceptos que sobre ellos se estructuran. Ello se debe, ante todo, a que las relaciones que se establecen no sólo no respetan el carácter clasificatorio que debe invariablemente caracterizar el criterio relacional que se adopta, sino que admiten la posibilidad de sustituir este criterio por verbos, preposiciones u otra palabra que consideren oportuna para establecer una relación cualquiera. Tal es el caso de los tratadistas que consideran posible la elaboración de un diagrama (mapa) conceptual a partir de criterios relacionales que nada tienen que ver con las relaciones de generalidad entre los conceptos, únicas de ser expresadas en una estructura de este tipo. De ahí que se empleen al libre arbitrio expresiones mediadoras como: "*provocan cambios en*", "*a partir del cual*", "*expresado por*", "*que es una*", "*obedece a*", "*cuyo estudio implica un*", etc., las cuales desafortunadamente no responden al carácter clasificatorio de la relación sistémica estructural.

Detengámonos brevemente en el ejemplo siguiente, tomado de Moreira, (2006) *(ver esquema 1).*

Esquema 1.

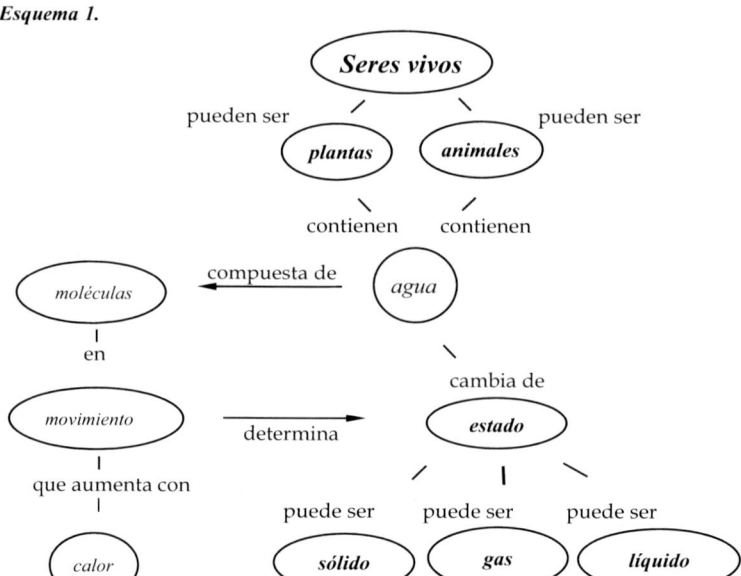

Fuente: M.A. Moreira. *"Mapas conceituais e diagramas V"*, 2006.

Como puede ser valorado a través del ejemplo, la mayoría de las relaciones que se establecen es completamente arbitraria, a raíz de los supuestos criterios relacionales que se esgrimen. Digamos, al fijar la palabra *"contienen"* como catalizadora de la relación entre los conceptos de *"animales"* y *"agua"*, así como entre los conceptos de *"plantas"* y *"agua"*, lo mismo puede sugerir que los animales y las plantas contienen agua como que contienen cualquier otra sustancia. ¿Sería desatinado inferir que los animales contienen dióxido de carbono en lugar de agua?, ¿acaso las plantas no lo contienen también?, ¿no le es común tanto a los unos como a las otras la presencia de minerales? Por su parte, el movimiento no solo *"determina"* los estados, sino también los *"modifica"*, *"acelera el cambio de"*, *"retarda la variación de"*, *"constituye"* el estado en sí mismo, pues desde el punto de vista filosófico, el estado es sólo la estabilidad relativa del propio movimiento; al considerar que la expresión que media entre el concepto de movimiento y el de calor es *"aumentado por"* puede inexorablemente dejarse una brecha de ambigüedad y confusión, a saber, ¿quién aumenta a quien, el calor a las moléculas en movimiento, el movimiento al calor o el calor al propio movimiento?; las relaciones entre los conceptos de agua y de estados no solo se limitan al "cambio" estadual que tiene lugar en la primera, sino que el agua también "supone" estados.

Incluso, en aquellos casos en que admitimos la posibilidad de correlación, allí donde aparece la expresión "pueden ser", aún no se hacen explícitos los criterios que han promovido la relación. Es legítimo considerar que las cosas vivas pueden ser plantas y animales, así como los estados (¿de qué?) pueden ser sólido, gaseoso (no gas) y líquido, pero ¿cuál es el criterio que determina estos tipos de estados?, pues los estados pueden ser otros, si otro es el criterio que se adopta. Por ejemplo, lo sólido, lo líquido y lo gaseoso, como estados de agregación del agua como sustancia, aparecen en correspondencia con el grado de entropía que sufren sus moléculas, pues sería irrefutable considerar que mientras mayor es el desorden de las moléculas de agua, menos cercanas están, menos compactadas se hallan y, por lo tanto, más próxima está el agua a su estado gaseoso. Puede decirse entonces que el estado de agregación del agua responde al carácter del movimiento de sus moléculas; mientras más caótico y desordenado sea aquel, más se aproximará a su estado gaseoso o viceversa. Esto último también constituye una razón suficiente para confirmar la idea de que cuando los conceptos se hallan a un mismo nivel de generalidad, es decir, están coordinados, la secuencia con que se ordenan tampoco puede ser arbitraria. Así, en el caso examinado, el orden secuencial fijado para el estado gaseoso no es correcto, pues el agua para convertirse en gas tiene necesariamente que pasar por su estado líquido. La representación de los estados que en el diagrama se expone no permite fijar el carácter intermedio del estado líquido con respecto al   sólido y al gaseoso, dando margen a la arbitrariedad ordinal de los conceptos que se relacionan.

Las relaciones de subordinación y concomitancia entre los conceptos son estrictas e irrepetibles, en función del criterio que se adopte.

No nos entusiasmemos con la idea, explícita en el autor mencionado con anterioridad, de que cualquier correlación preconceptual puede reflejarse en una estructura sistémica.

Las relaciones que se establecen por la persona, cuyo Estado Cognitivo se halla a nivel de conocimiento empírico, generalmente son inadecuadas y eso las conduce a valorar erróneamente determinadas condiciones que inciden sobre el objeto, pudiendo considerarlas como causas de su surgimiento cuando en realidad no lo son.

¿Cuál es la razón que pulsa la aparición en las personas de juicios a priori, de supersticiones y prejuicios, sino las generalizaciones inadecuadas que sustraen de sus vivencias cotidianas? El conocimiento empírico se configura a partir del establecimiento de relaciones con hechos cotidianos y cercanos temporo-espacialmente a las experiencias de la persona. Eso significa que las generalizaciones que lo conforman están atadas a una realidad que virtualmente puede ser compartida por todos, sólo que a través del preconcepto.

La realidad cognoscible será mayor en tanto mayor sea su grado de susceptibilidad para ser reflejada en conceptos (científicos), lo que implica no sólo la posibilidad de estructurar aquellos sistémicamente, sino también inferir comportamientos futuros del sistema en virtud de su estructura.

j)   El preconcepto puede poseer un carácter histórico

Esta propiedad es inherente a la justificación gnoseológica de toda concepción teórica y, por lo tanto, de la evolución del pensamiento científico. La historia de cualquier campo del saber verdadero se traduce necesariamente en las etapas por las que han transitado sus preconceptos, desde su advenimiento hasta que se convierten en conceptos científicos, pues de lo que se trata es de que la enseñanza dirija el aprendizaje de los conceptos en progresión geométrica, por decirlo de alguna forma, solo con la agravante de no poder contar con el mismo período de tiempo que sus precursores emplearon en elaborarlo. Hoy día, las enseñanzas media-superior y universitaria deben recorrer, en apenas ocho años, varios siglos de experiencias, en las que el volumen mayor está representado por los preconceptos, las ideas alternativas o el conocimiento especulativo sobre una temática dada.

Para ilustrar esta propiedad determinante del preconcepto, permítasenos recorrer brevemente los veinte siglos de historia de la Mecánica Clásica, necesarios para que

Newton postulara sus tres principios fundamentales sobre la base del estudio de los conceptos de movimiento y fuerza (principio de inercia, la ecuación fundamental de la mecánica y el principio de acción y reacción).

Para facilitar la comprensión, hemos dividido convencionalmente en etapas los momentos por los que ha transitado este campo del saber físico en su cristalización, según la descripción que nos ofrece Pozo (1987) sobre el particular.

1ra. Etapa. La primera doctrina sobre el movimiento se le atribuye a la metafísica aristotélica (siglo IV a.C.), según la cual dos cuerpos de diferente peso caen a distinta velocidad. Su concepción sobrevivió toda la edad media. Además de su sentido común y lo conveniente que le resultaba a la Iglesia, la coherencia global de su sistema cognitivo (preconceptual) era para la época sencillamente irrefutable.

Prestemos atención al significado que esta última idea cobra a tenor de la coherencia de la estructura que entre los preconceptos pueda elaborarse a partir de las funciones a ellos adjudicadas. En otras palabras, como puede valorarse, no necesariamente la estructura conceptual diseñada tiene que responder a la concepción científica.

2da. Etapa. Aparece la denominada "teoría del ímpetus" de Buridán, desarrollada de los esbozos que William Occam realizara en el siglo XIII. Tesis alternativa expuesta: el motor inicial dota al objeto de un "ímpetus" o fuerza interna, que se va consumiendo hasta que el objeto se detiene.

3ra. Etapa. Tres siglos después, Galileo rebate la doctrina aristotélica, expuesta en la primera etapa.

4ta. Etapa. Renato Descartes, en el siglo XVII, deduce dos leyes fundamentales de la mecánica: la ley de la conservación del movimiento y la ley de la inercia.

5ta. Etapa. Isaac Newton sintetiza veinte siglos de estudios empíricos y teóricos en las tres leyes contemporáneas de la Mecánica. "*Si he visto más lejos que otros hombres* --reconoce el destacado físico,-- *es porque estaba subido en hombros de gigantes*".

Lo mismo pudiera ser apuntado en la Psicología como ciencia, pero sin perder de vista su notable juventud.

Si la historia de la Mecánica se ha construido durante veinte siglos, la historia de la Psicología apenas sobrepasa el primero. Con esta condición de base para el análisis, pudiera defenderse la idea de que el estudio de la psiquis humana aún está lejos de poder ser considerado un campo del saber científico establecido, máxime cuando, a diferencia de la propia Física y de otras ciencias exactas, se hace difícil perfilar los límites que deben separar con toda claridad el preconcepto del concepto teórico.

Así, al abordar el concepto de personalidad en su historia, su concepción factorial puede valorarse como la primera etapa (¿y acaso la única?) por la que ha transitado en el camino de su definición teórica. Dicha concepción se sustenta en el procedimiento matemático del análisis factorial y las matrices de correlación para determinar características representativas de una población dada.

De este modo, el enfoque propugnado por los factorialistas, a saber, W.S.Zimmermam, 1948; L.L.Thurstone, 1949; J.P.Guilford, 1956; R.B.Cattell, 1963 y otros, es el mismo que predomina en el preconcepto de personalidad. Es curioso cómo Cattell (1963), para realizar una descripción completa de la personalidad, empezó por reunir todos los nombres de rasgos que sobre esta aparecían en los diccionarios o en la literatura psicológica y psiquiátrica, hallando un total de 171. Así, aparecieron los rasgos primarios de la personalidad, sintetizándose en uno de los instrumentos más acabados sobre el tema: el cuestionario de los 16 factores de personalidad (16 PF de R.B.Cattell) como una forma de inventariarlos. Tales rasgos pueden ejemplificarse a través de la "*actitud pensativa*", la "*estabilidad emocional*", la "*amabilidad*", la "*sociabilidad*", etc.

Igualmente, los representantes de esta corriente psicológica, como puede notarse, toman como explicación de la conducta el rasgo que se infiere de ella misma, quedando así en un círculo cerrado la problemática concerniente a la determinación de las causas del surgimiento y funcionamiento de la personalidad, en relación con el efecto de ellas mismas.

Esto mismo ocurre con el preconcepto de personalidad que aparece natural o espontáneamente expresado. Lo anterior podemos ilustrarlo con expresiones tomadas de los estudiantes de la Educación Superior: "*La personalidad está presente cuando existen patrones, valores, principios*"; "*...cuando hay sentimientos estables*"; "*...cuando la persona es organizada y medita sus actos*", etc.

A nuestro modo de ver, tales concepciones sobre la personalidad no han sido superadas por las investigaciones especializadas, lo cual tiene su causa en la indefinición teórica que el concepto también hoy "padece". Esta es una razón evidente para subrayar el empleo amplio actual, por ejemplo, del inventario multifásico de personalidad de Minnesota (MMPI), el 16 PF y del catálogo de preferencias personales de Edwards por los psicólogos clínicos, en la caracterización del paciente que asiste a su consulta.

A esto podemos agregar la inmensa variedad de cuestionarios que se han popularizado como "test de personalidad" en los artículos de prensa. Al responder a las preguntas que en el "test" se formulan, la persona puede ubicarse, a partir de su inventario de rasgos, en una determinada categoría o clasificación. Tómese como ejemplo, el siguiente test.

Test por La revista Tu!!!

Descubre algunas características de tu personalidad y sácales jugo.

1. ¿Crees que el día debería tener más horas?

a)   Definitivamente, tengo mil cosas que hacer (gym, escuela, el cafecito, patinar) y necesito tiempo.
b)   El día tiene las horas exactas, tengo tiempo para mis actividades diarias y disfruto salir a la naturaleza en mis ratos libres.
c)   Tengo mis horarios muy bien organizados, tengo tiempo para cada cosa que debo hacer.

2. Vas a comer con tu novio y te toca elegir dónde ir:

a)   Un lugar superfashion, puede ser en un centro comercial así aprovecho para comprar unas cositas o podemos ir al cine después de comer y aprovechar la tarde.
b)   Un día de campo sería ideal para acabar con la rutina.
c)   Elijo un lugar exótico al que nunca hemos ido, tal vez comida extranjera.

3. ¿Tienes tendencia a terminar las frases de otras personas?

a)   ¡Sí! Parece que leo sus mentes cuando no saben cómo expresarse.
b)   No soy muy respetuosa y espero a digan lo que opinan.
c)   Me gusta conocer otras opiniones diferentes a la mía, escucho con atención.

4. Hay muchísima gente en la fila de los tickets para la pelí que quieres ver, tú...

a)   Le encargas tu lugar al chico de atrás de ti, le haces ojitos para asegurarte que no te quede mal y mientras vas a dar una vuelta.
b)   Tomas tu lugar en la fila y esperas tu turno.
c)   No haces fila porque pediste tus boletos vía Internet

5. Cuando en la escuela hay trabajos en equipo...

a)   Me parece horrible esperar que otros hagan cosas en las que tardan mil horas cuando sé que yo lo hago más rápido, por lo que tomo la iniciativa.
b)   Me encanta porque es la oportunidad de conocer a otras personas aparte de mi grupito de amigas.
c)   Tiene su lado bueno y malo, por eso trato de que seamos organizados y valorar las ideas de todos para hacer un buen trabajo.

Resultados

Mayoría de A

Contigo, ¡qué viva la fiesta! Vives la vida al máximo y a mil por hora, eres activa, abierta y muy curiosa lo que te lleva a descubrimientos increíbles. Lo peor para ti es sentirte atada, así que haces cambios divertidos a lo cotidiano para sentirte bien.

Mayoría de B

¡Relajada sin duda! Eres amante de la naturaleza, te muestras sin máscaras. Disfrutas los paseos que te permitan alejarte del mundo de vez en cuando para disfrutar descubriéndote. Eres discreta, haces amigos con facilidad y disfrutas tu independencia. Estás en armonía contigo y con los demás.

Mayoría de C

Has encontrado tu propio estilo, ¡eres elegante y exclusiva! Te encantan los detalles y disfrutas descubriendo los tesoros que no se ven a simple vista. Posees una gran sensibilidad que te permite percibir lo duradero en la vida, te gusta la cultura y la disfrutas al máximo.

Fuente: http://friendswebpage.over-blog.es/pages/Test_por_La_revista_Tu-1509271.html

No desmayemos en la investigación, al reconocer que estas concepciones no han sido superadas por las posiciones supuestamente teóricas que actualmente existen.

Muchas de las definiciones "teóricas" que se realizan, adolecen de un carácter explicativo y más bien constituyen un conjunto de afirmaciones vacuas, vacías, al propugnar el ansiado matiz de abstracción que no rebasa la cadena verbal, las cuales, generalmente, son tomadas de la Dialéctica. Es muy frecuente la utilización de palabras y frases tan socorridas en la temática como: "*es un proceso*", "*es objetivo*", "*es un sistema*", "*es una configuración*", "*es activo*", "*es complejo*", etc.

Desde el punto de vista filosófico, la historia del preconcepto vulnera su carácter inamovible, haciendo relativa la verdad que dogmáticamente permaneció absoluta. De ahí nuestra convicción de que "las palabras (los conceptos) --como señala acertadamente Vigotsky (1968)-- tienen un papel destacado tanto en el desarrollo del pensamiento como en el desarrollo histórico de la conciencia en su totalidad" (p.165).

El preconcepto: única vía de acceso al concepto

Permítasenos precisar que la terminología que empleamos con relación al preconcepto y al concepto está sustentada en el orden en que estos aparecen durante la formación del pensamiento en la ontogénesis. De aquí que al considerar como preconcepto aquella generalización que se forma de manera espontánea o dirigida, a tenor de la aplicación (uso) del procedimiento inductivo y de la que pudiera ser inferido el reflejo correcto o no de la realidad, ha de suponerse que este aparece en períodos evolutivos que se anticipan a la formación del concepto científico.

Cabe destacar que en el término preconcepto sintetizamos todos aquellos que se han elaborado para definir la generalización empírica, es decir, el concepto empírico. Por eso, es legítimo que el término preconcepto se identifique con el concepto empírico (*pseudoconcepto, conocimiento vivo, necesario, cotidiano o idea alternativa*), en tanto el conocimiento científico o concepto teórico es relacionado directamente con el término de concepto. En nuestras investigaciones, el preconcepto indica aquel concepto cuya formación es previa o antecede a la del concepto científico y que, por lo tanto, es empírico, lo que nos conlleva a formular la tesis según la cual el concepto debe necesariamente su formación al preconcepto.

El preconcepto, como concepto aún inacabado, no puede ser valorado como un concepto erróneo y, por ende, inoperante e inútil. Su importancia no sólo se justifica por constituir el reflejo del conocimiento que trasciende el plano perceptual, al que se accede por vía de las experiencias o vivencias por las que la persona transita, sino porque puede contener en su seno la primera manifestación que de la esencia puede percatarse el investigador: las propiedades determinantes de un objeto.

La historia de toda ciencia generalmente está permeada, en sus albores, por conceptos de esta naturaleza. La tendencia a establecer relaciones semejantes emana de los escasos conocimientos que se poseen sobre determinados objetos; esto da lugar a descripciones fenoménicas sobre ellos y, por ende, a concebir por esencia lo que es fenómeno o a reducir esta última a sus propiedades determinantes, las cuales constituyen el único indicador de la esencia que de manera directa e inmediata puede ser identificado.

Es característico de las ciencias exactas fijar con precisión extrema las causas originarias del objeto que estudian.

A nuestro modo de ver, esto no sucede con la probabilidad requerida en las Ciencias Sociales o Humanísticas. El conocimiento obtenido por ellas se configura predominantemente por la descripción de las etapas que se suceden en el desarrollo del objeto, a raíz de su surgimiento. Esto implica lamentablemente que el conocimiento sobre el cual se erigen describa las transiciones que en el objeto como proceso tienen lugar, sin considerar la fundamentación, explicación o demostración del porqué es justamente en una etapa dada y no en las restantes que aquel se comporta justamente así y no de otra manera.

Si abordamos el saber psicológico para ejemplificar lo que con anterioridad hemos dicho, podría admitirse la pregunta del porqué en la ontogénesis la primera infancia es precisamente el período sensible para la formación del lenguaje, de la misma manera que la edad preescolar lo es para el aprendizaje perceptual del color, el tamaño, la forma; la edad escolar --sensible a la formación del concepto empírico y la clasificación, mientras la adolescencia apunta a la formación del pensamiento científico y a la deducción? ¿Por qué la primera "crisis" del desarrollo psíquico está imbricada aproximadamente con los tres años de edad y no con etapas anteriores o posteriores?

O sea, el desarrollo ontogenético de la psiquis humana admite, como preconcepto, que el período sensible para el desarrollo de la percepción como condición del Estado cognitivo corresponda con la edad preescolar, que invariablemente la primera "crisis" en el desarrollo psíquico ocurra próximo a los 3 años, pero ¿cuáles son las causas que subyacen a estos hechos psíquicos?, ¿qué argumentos esgrimir para fundamentarlos? Responder a estos cuestionamientos nos abocaría irremisiblemente a explicar los hechos y eso significaría penetrar en su esencia.

Cabe señalar cómo la propia Psicología psicoterapéutica o de Orientación ha estado plagada de descripciones en las que el investigador, a través de la observación como método fundamental, sólo enumera las propiedades determinantes de la entidad clínica, sin explicarlas.

Tomemos como ilustración de lo anterior el Trastorno Hiperkinético (THc). Este es uno de los trastornos más referidos sobre el comportamiento del niño de edad temprana.

Este tipo de trastorno, según los datos referidos por el glosario internacional, se caracteriza por un comienzo precoz (durante los cinco primeros años de la vida), por síntomas de desatención y/o hiperactividad/impulsividad, así como por la falta de persistencia en actividades que requieren la participación de procesos cognoscitivos y una tendencia a cambiar de una actividad a otra sin terminar ninguna, junto con una actividad excesiva, desorganizada y mal regulada.

El trastorno puede acompañarse de otras anomalías. Así, los niños con THc suelen ser descuidados e impulsivos, propensos a accidentarse y a presentar problemas de disciplina por no prestar atención a las normas establecidas, más que por desafíos deliberados a las mismas. Suelen ser, en su comportamiento, desafiantes, negativistas y hostiles. Sus relaciones sociales con los adultos suelen ser desinhibidas e imprudentes. No gozan de popularidad entre otros niños y pueden convertirse en niños aislados. Es frecuente el déficit cognoscitivo y los retrasos específicos en el desarrollo motor y del lenguaje.

Asimismo, el THc implica una inquietud excesiva, especialmente en situaciones que requieren de una relativa calma. Dependiendo de las circunstancias, pueden los niños saltar y correr sin rumbo fijo, permanecer sentado cuando no es necesario estarlo o caracterizarse por un alboroto o una inquietud general que se acompaña de gesticulaciones y contorsiones exacerbadas.

Sin embargo, si bien la caracterización que acerca del trastorno se ha realizado es necesaria para establecer el diagnóstico acertado de la entidad, por constituir la primera vía de acceso a ella, el examen riguroso de ésta no debe constreñirse al inventario de los rasgos comportamentales del menor, pues la definición de las condiciones en las que surge (causas), y no sólo de sus propiedades determinantes, ha de propiciar, en consecuencia, el descubrimiento de las tendencias del desarrollo del trastorno y, sucesivamente, la elaboración de una estrategia interventiva de modificación de acuerdo con el pronóstico fijado. De ahí que tengamos que responder insoslayablemente a los cuestionamientos siguientes: ¿cuál es la causa que determina la aparición del THc?, ¿por qué el THc generalmente ocurre en los niños de edad infantil en los primeros cinco años de vida? ¿Por qué esta entidad tiende a desaparecer cuando el niño deviene adolescente?

Por otra parte, ¿los síntomas descritos como manifestaciones del THc no pudieran adjudicárseles también a otro tipo de trastorno en los mismos u otros períodos evolutivos en los que aquel aparece? Es muy probable que la respuesta sea afirmativa. Si lo es, entonces debemos inferir que lo fenoménico, o sea, la expresión manifiesta del trastorno que analizamos pudiera ser compartida con otros trastornos u otras entidades clínicas, lo que significa la posibilidad de dejar una brecha en el razonamiento facultativo para diagnosticar como THc una entidad semejante, --sólo a causa de esgrimir las expresiones manifiestas como propiedades determinantes de él. De ahí la necesidad de realizar un diagnóstico diferencial.

Indudablemente, esto daría lugar a que la estrategia interventiva elaborada para prevenir, mitigar o eliminar dicho trastorno sea extraordinariamente vulnerable por su incompatibilidad con el pronóstico y, por ende, inefectiva.

Si bien en la caracterización de las entidades clínicas se señalan propiedades determinantes, los investigadores las acompañan de propiedades no determinantes o comunes a otras. ¿Cuál es la razón? Digamos, el Trastorno de Vinculación de la Infancia Desinhibido ha sido definido a partir, entre otras, de características tales como: un comienzo precoz, generalmente durante los primeros cinco años de vida, un comportamiento social anormal, con tendencia a ser empobrecido y persistente ante cambios en las circunstancias ambientales, así como por la frecuente dispersión en la selectividad de los vínculos que establece con otros, por las dificultades en el desarrollo del lenguaje y el déficit cognoscitivo persistente.

Como bien puede apreciarse, no sólo saltan a la vista las relaciones comparativas de semejanza entre el Trastorno de Vinculación de la Infancia Desinhibido y el THc. a partir de las propiedades inherentes a cada una de ellas, sino que, de igual modo, otras entidades como el Trastorno Disocial Desafiante y Oposicionista, posee como rasgo característico la forma de comportamiento persistente, negativista y hostil que también está claramente manifiesto en el Trastorno de Vinculación de la infancia Desinhibido.

Todo esto puede generar que los indicadores o parámetros que definen la caracterización previa a un diagnóstico carezcan de la precisión necesaria y no exista el consenso pertinente con respecto al criterio de clasificación de las entidades.

Entendamos que un diagnóstico acertado adquiere relevancia no porque la categoría diagnóstica dada refleje con estricta fidelidad el conjunto de características que el trastorno manifiesta, sino porque tras la definición del diagnóstico ha de hallarse inmediatamente la estrategia interventiva necesaria en pos de solucionar o aproximarse a la solución de aquel. A esto podríamos añadir que, sobre la base de la caracterización y el diagnóstico de determinadas entidades clínicas, pueden ser elaboradas, asimismo, estrategias de intervención propedéuticas o profilácticas con el fin de evitar la aparición de aquellas.

En síntesis, ¿cuáles son las relaciones que el estudiante ha establecido y que configuran su desarrollo cognitivo al momento de ingresar a la Educación Superior, de manera que sean retomadas por los docentes para lograr modificar los preconceptos que las conforman, en el caso de no responder a las expresiones del pensamiento correcto, o de propiciar su enriquecimiento en función del conocimiento de las causas originarias de los objetos de estudio?

Basados en un modelo constructivista consecuente aplicado a la enseñanza y al aprendizaje, cuyo primer paso consiste en la caracterización del Estado Cognitivo actual del estudiante, han de constatarse los "mapas" preconceptuales de naturaleza psicológica preexistentes. Indudablemente, conceptos empíricos tales como *personalidad, hábito, reflejo, carácter, percepción, actitud,* etc., están presentes en el léxico cotidiano del alumno, pues se han ido formando paulatinamente en la comunicación interpersonal, a través de la lectura de literatura especializada o popular o a través de la información suministrada por los medios de difusión masiva de la información. Aun cuando el estudiante, al llegar al primer año, no sepa explicar o erróneamente atribuya causas a efectos no pertinentes, él posee una idea alternativa que es fruto de su actuación personal cotidiana y que debemos respetar, no tanto por la concepción humanista de las relaciones personales, en la que el respeto al otro se sitúa en primer plano, sino porque sólo dicha idea lo hará susceptible a la construcción o incorporación de la nueva; sólo a merced de las relaciones que él mismo pueda establecer entre las ideas alternativas y la sujeta a formar, podrá modificar su preconcepto o enriquecerlo teóricamente.

No queremos pasar inadvertido el hecho de que al escribir en la pizarra, digamos, una palabra de ortografía compleja, el profesor lo hace con el propósito de que el estudiante perceptualmente la fije correctamente, es decir, la grave sin alternativa de ninguna índole, pues los dictados ortográficos del idioma así lo exigen. ¿No es esto un ejemplo fehaciente de aprendizaje instrumental motor por encadenamiento de grafos?, ¿no ha pensado que lo mismo debe suceder al escribir en la pizarra un esquema, a través del cual el docente quiera reflejar las relaciones que se pueden establecer entre conceptos de estricta o no pertinencia?, ¿pensó Ud. en la estructura, es decir, en los niveles de coordinación o subordinación, que le confirió a los conceptos que serán tratados en clase y que reflejó en una lámina de retrotransparencia?, ¿no cree Ud. que con esto último entorpece el condicionamiento de la productividad del alumno en su clase? Si Ud. es quien dicta definitivamente las pautas, incluso de la esquematización de las relaciones que Ud. establece entre los conocimientos a impartir en clase, entonces, ¿sobre qué margen de libertad creativa para la construcción cognitiva se puede hablar?

Con ello queremos advertir que la representación de las relaciones conceptuales en los denominados mapas de igual naturaleza es sólo un riesgo que el estudiante, al no realizar esfuerzo intelectual alguno, paga con el discurso verborréico y la endeble preparación profesional.

Conclusiones

- Aun cuando la formación del concepto científico es la misión primera de la enseñanza superior, esta no puede obviar la existencia del concepto –preconcepto-- que le antecede y que le sirve de base, generalmente construido por el propio estudiante que ahora aprende su concepción científica.
- El preconcepto es una generalización que se forma de manera espontánea o dirigida, configurando el conocimiento empírico de la persona y sirviéndole de ajuste a los medios natural y social en los que vive aquella vive.
- El preconcepto, a diferencia de lo que se refiere en la literatura especializada, no es un conocimiento erróneo, sino una generalización inacabada, pues en él coexisten, generalmente, lo empírico y determinadas manifestaciones de la esencia, oculta o solapada en la persona que no posee Educación Superior.
- El preconcepto es la fuente única de donde emana y se construye el concepto teórico. A él le es inherente la primera historia del lenguaje hablado y el origen del saber correcto, del saber científico.

Referencias bibliográficas

- Cattell, R.B. (1963). "Validity and reliability: A proposed more basic set of concepts". *Journal of Educational Psychology*, Vol 55(1), Feb 1964, 1-22. Received from http://dx.doi.org/10.1037/h0046462
- Guilford, J.P. (1956). *"Fundamental Statistics in Psychology and Education"*. New York: McGraw-Hill Book Company.
- Guilford, J.P. & Zimmerman, W.S. (1948). "The Guilford-Zimmerman Aptitude Survey*". Journal of Applied Psychology*, 32(1), 24-35.
- Moreira, M.A. (2006). *"Mapas conceituais e diagramas V"*. Porto Alegre: Ed. do Autor.
- Pozo, J.I. (1987). *"Aprendizaje de la ciencia y pensamiento causal"*. Madrid: Visor.
- Varela, F. (1992). "*Miscelánea filosófica*". Ciudad de La Habana: Pueblo y Educación.
- Vigotsky, L.S. (1968). "*Pensamiento y lenguaje*". La Habana: Edición Revolucionaria.
- Thurstone, L.L. (1949). *"Primary abilities 1. Occupations: The Vocational Guidance"*. Journal, 27: 527–529. doi:10.1002/j.2164-5892.1949.tb02139.x